IZIYACA:

Ingqokelela yemi bongo

Sithembele Isaac Xhegwana

Mwanaka Media and Publishing Pvt Ltd,
Chitungwiza Zimbabwe
*
Creativity, Wisdom and Beauty

Publisher: *Mmap*
Mwanaka Media and Publishing Pvt Ltd
24 Svosve Road, Zengeza 1
Chitungwiza Zimbabwe
mwanaka@yahoo.com
mwanaka13@gmail.com
https://www.mmapublishing.org
www.africanbookscollective.com/publishers/mwanaka-media-and-publishing
https://facebook.com/MwanakaMediaAndPublishing/

Distributed in and outside N. America by African Books Collective
orders@africanbookscollective.com
www.africanbookscollective.com

ISBN: 978-1-77931-478-9
EAN: 9781779314789

© Sithembele Xhegwana 2023

All rights reserved.
No part of this book may be reproduced or transmitted in any form or by any means, mechanical or electronic, including photocopying and recording, or be stored in any information storage or retrieval system, without written permission from the publisher

DISCLAIMER
All views expressed in this publication are those of the author and do not necessarily reflect the views of *Mmap*.

ISIQULATHO/Table of Contents

Amanqaku amawaqatshelwe ngeminye imibongo
kule ngqokelela..v
Intshayelelo..vi
Isinikezelo..x
Inzila..1
Umzobo kaMhlekazi u Hintsa, Ah Zanzolo!...............**4**
Imibuzo ngee meko zemvelaphi................................6
Amasiko nobungcali bakwaNtu.................................9
Umntwana ogqumayo ngu msindo............................12
Imibhiyozo yase maphandleni..............................**14**
Ukucinga nzulu..16
UMamboyi...18
Mntaka mama..19
Izidumbu..21
Umbongo onikezelwe ku Stephen Watson...................24
Iintsiba ezithe sa...26
Ingoma yazo iingoma...28
Ukubekwa kuka Mandla Mandela, Ah! Zwelivelile!........31
Umtshakazi othinjiweyo.....................................33
Ukuza kwemini..36
Umthwali wamaqanda enciniba wase Kalahari..............38
Mamlambo...42
Ukwala ukunqula..45
Ndawo Yam..47
Ukuphehlelela intswelo yakho...............................50
Incwadi ebhalelwe u Thuthula...............................53
Umtshakazi othinjiweyo uyagoduka.........................58

Amazwi entuthuzelo..60
Emasangweni ase Maxhoseni......................................62
Ngalo mihla ndandisa thonga......................................66
Inkosazana efihlakeleyo...68
Umphathi wesiphehlo..70
Ukuba nje lo mangcwaba ebe nokuthetha.....................72
Ilitye lika Nomtshwebelele...75
Umkhonto ka Bawo..78
Ukukhumbula u Makhanda..83
Iintaba ezi krolwe esibhakabhakeni..............................90
Ingcwaba lika Makhanda...92
Mmap New African Poets Series..................................99

AMANQAKU AMAWAQATSHELWE NGEMINYE IMIBONGO KULE NGQOKELELA/ Acknowledgements

Inxenye yemibongo kule ngqokelela ivele kula maqonga alandelayo ngesiNgesi nesiBhulu:

Sol Plaatjie European Union Vol IV Poetry Anthology, New Coin, New Contrast South African Literary Journal, Klyntjie, Fixing Earth: Afrika, UK and Ireland Writers' Anthology Vol. 2, Best "New" African Poets 2021 Anthology ne Biophilia. Kanti eminye yamkelwe ukuba inga papashwa kula maqonga alandelayo: English Academy Review ne New Contrast South African Literary Journal. Uninzi lwayo yhi nguqulelo yemi bongo ekwi ncwadi yam yesiNgesi ethi, <u>Dark Lines of History</u>, nebisanda kupapashwa kulo nyaka ka 2023.

INTSHAYELELO/Introduction

Eli lilinge lam lokuqala ukufumana inyhweba yoku shicelelwa apha kulwimi lam lee nkobe. Ewe sukela okoko ndaqala ukuqulunqa uncwadi, olwe mveli nolu bhalwayo, ndisekumabanga asisisekelo semfundo, isiXhosa naso sindibangile. Ngelishwa okanye ithamsanqa, iye yayincwadi yesi Ngesi, isuntswana le noveli (novellete), eyathi yafumana inyhweba yokuba ngumbhalo wam wokuqala ukupapashwa ndisenza ibanga le shumi (Grade 12) ngomnyaka ka 1991. Ndithe ndakufikelela kumabanga emfundo enomsila kwi Dyunivesithi yase Kapa, kwakho imiba ngemiba engumcela mngeni ekubhaleni kwam, eyona igqamileyo iyi nkolo yobu Krestu eya ndenza ndazifumana ndili yilo kakhulu.

Ndiyikrwelile imigca kancinci, ngakumbi imibongo yesi Ngesi eya papashwa kuma qonga ngama qonga apho kule Dyunivesithi enembali yoku phakamisa intlalo nempilo yoku hambela. Emva kwexesha elide, eminye yemibongo yam nentetho endandiyothule kwi nkomfa eyayibanjelwe e Amazwi South African Musuem of Literature ngenyanga yoKwindla kunyaka ka 2022 zaguqulelwa kulwimi lwesiBhulu. Ndiye ndagibisela nakwi sivivana se zincoko kwakule Dyunivesithi. Emveni kokuba ndehlelwe sisi shwakumbe esa fika sabujongisa ezantsi ubomi bam, ndazi bona ndilu phakamisa usiba ndabhala, isiphumo sangumqulu we noveli. Emveni kokuva nge nqubo yoku qeqesha aba bhali kule Dyunivesiti, ndiye ndathatha le ngqanga mbhalo ndayisebenzisa njenge sitshixo soku ngena. Livuliwe isango, ndayinikwa ne nxaso ngokwase zimalini.

Ekungeneni kwam ama khankatha aye ndiphethe afumana ubunzima boku xhonxa umntwana osele ezi thethela. Bacebisa ukuba ndibabonise imibongo yam, nam ndenza njalo. Uluvo yaba lelo kuba kwane mibongo le ingawenza iwuzalisekise umbono lo we noveli; uku bhentsisa uku khabana phakathi kwee meko zoku phila zase Ntshona nezase Afrika. Ndiqhubile ke, ze ngo 2002 nda thweswa ngesi danga see Masters in Creative Writing. Akuphelelanga apho, lo msebenzi uye wa papashwa yhi Lovedale Press ngo 2003 phantsi kwesi hloko esithi <u>Scatter The Shrilling Bones</u>. Ndiqhubile ndiwuveza umsebenzi wam kuma qonga nga maqonga apha e Mzantsi Afrika, kwi Afrika ngobu banzi nakwilizwe lonke.

Ngomnyaka ka 2023 omnye wemibongo yam obhalwe ngolwimi lwase mzini othi, "Ostrich Egg Carrier Of The Kalahari" uye wagqwesa phambili kukhuphiswano lakwa AVBOB elalinesihloko esithi "Water Is Life". Ndithe ebutsheni balo nyaka mnye ndothula ingqokelela yemi bongo yesi Ngesi ethi, <u>Dark Lines of History</u>.

Njengoko besele nditshilo, uku ngapapashwa komsebenzi wam wesi Xhosa awu thethi ukuba bendi ngabhali ngaso. Bendisoloko ndibhala ndibeke, amathuba amaninzi kulahleke oko ndikubhalileyo. Ndiye ndathundezwa kukwamkelwa kweminye yale mibongo yi "New Contrast South African Literary Journal". Umbongo lowo unesihloko esithi, "Inzila". Ndiye ndahlala phantsi ndacinga. Ekucingeni kwam ndiye ndafikelwa kukuba mandenze into ngeli gcuntswana lale mibongo yam yesiXhosa ithe yasinda entshabalelweni. Ekufikelweni zezo ngcinga ndiye ndakhanyiselwa ukuba umsebenzi lo ufuna ukuxabangelwa. Ndisebenzise incwadi le bendisandula ukuyikhupha ngolwimi lwase mzini (Dark Lines Of History). Ndithathe imibongo ethile ebendi nomrhano wokuba iya kufika izinze esi Xhoseni ndayi guqula ngokwam ndayisa esi Xhoseni. Lonto ithetha ukuba le yimbiza yo mxoxozi.

Omnye umntu ke uza kubuza ukuba isihloko esi sencwadi sisingisele phi. EsiXhoseni nakwezinye izizwana ezisondelelyo, isiyaca asiyonto nje yokuhomba, nangona zikhona ezi kufutshane kuso eku thiwa ziziyaca ibe uhambo lwazo ilolo hombo kuphela. Asenzelwa nje nabani isiyaca. Okokuqala, uyasenzelwa umntu, indoda okanye umfazi, ngoku qaphela izinto ezithile apha ebomini bakhe. Ngelinye ixesha, mntu lowo uvuka naso phantsi ze amachule ee ntsiko zama khaya ngama khaya acazulule ithongo elo. Okwesibini, isiyaca siye sibe lilungelo kwabo bathe banyulwa ukuba babe ngama gqirha phakathi kwa makhaya athile.

Uye ube mkhulu kakhulu ke umsebenzi woku khupha isiyaca. Kuchongwa inkomo ye khaya eku xhwithwa kuyo, inkomo yobulunga, xa kukho iingxaki ezi kukumila kunje. Ngolwazi lwam, kuye kusilwe kubingelelwe noku bingelelwa. Lo ngumsebenzi womkhonto, ihlamvu nobulawu bekhaya. Umsebenzi ke lo wona uye ube ngu ntsuku ntathu. Ndishwaqa nje ngeba ndizama ukuthi eli liyeza eli phuma ncakasana esandleni sama nyange.

Kum ke ingaba ithetha ukuthini yonke le ntshwaqane? Njengoko imibhalo nge mibhalo endiyikhuphe ngesi Ngesi ibhentsisile, kuye kwakhona ukulahleka okuthile apha kulo mntu undim. Ngenxa yezi zathu ezi thile endizibaluleyo kuma qonga nga maqonga, zizathu endingenalo ixesha loku ngena kuzo ngoku, ndiye ndafuna ukubunikela umva ubuntu nobu Afrika bam. Le mibongo ke, njenge ziyaca, iye yandi rhintyela ngoku mandla. Ndine mincili egqithileyo ke ukubeka lembiza yo mxoxozi phambi kwenu. Ndine themba lokuba omnye nomnye uya kuzuza lukhulu.

ISINIKEZELO

Le ncwadana ndiyi nikezela ku mama wam ongase khoyo uNonceba Mercy Xhegwana othe wawa evuka nam ebunzimeni. Ndinalo ithemba lokuba ukuba ebesaphila ebeya kuyivuyela kakhulu le ncwadi njengoko mihlana ndandibukula ubuntu bam waye nditshobelisa amarhewu ngama chiza esiNtu. Lala ngoxolo MaKhowane, Bhacakaz'elicikiziweyo.

INZILA

Ufunukundibonga na kwedini?

Zib'iinkomo zika bawo ziguguth'iintlambo

Awezolo awatyeli kuzongoma

Ezodongwe aziyibuyisi imihlambi ethinjiweyo

Ndikhulule ndoda ndini ndibhonge

Ngolufunwa ndim uhlobo

Kuba imivambo yezolo sele ivuza

Ezibongweni zamaciko andinasabelo

Iziswenye zemvelaphi zitshitshile

Ndiyeke ndibhonge ngokuthandwa ndim

Naz'ii tasi zenkonde zidinjazwa

Kumathala ezinye iintlanga

Bhunxa, iinkophe zethu zivaliwe

Ngemilingo enobunzima yaseNtshona.

Ewe, andivumi undimfamekisa

Ngamazwi anga ngawemvakalelo

Neentetha ezizafobe zobutshijolo

Nezimvo ezitshabhileyo zenkwalambisa

Eyam indlela yakhanyiswa kwamhlamnene

Yhimililo yamandulo yezidalwa

Ezimizila yazo yhamiliselwa

Ngonoma zakuzaku bezizizwe

Izilo, ooGilikanqo!

Engetheni, emiqolombeni, emaweni

Ezizibeni zakudala

Zizinze kanye emibindini yelizwe uNdalashe

Amaza ee-lwandle andambesa.

Ndilibonile ilanga lezolo lindifulathela

Nemifula yeentaba indigubungela

Igugutha nam kwiintlanjana

Yhiko kwedini!

Qhiwula amathole kuba iimazi zibhonxile

Hleze uBhomoyi ngeentolo azijikijele

Bafana qhiwulani nantso imihlambi

Kuba abatshakazi banabile ngaseziko

Neenkondekazi zingqungqela u-Nomame

Inzwakazi yakudala engabangi siduko

Ababingeleli bagaxele izacholo

Betshotsha besiya esaNgqeni

Bephehla isilawu, benqula amaThile

Ukuzingela uQamata wakudala.

Ndithsho ndithi, eyezolo indaba ayityelwa

Ndiyeke ndibhonge ngokuthanda kwam

Eyakho imibongo ilola iimviko zotshaba.

UMZOBO KAMHLEKAZI U HINTSA, AH! ZANZOLO

Kwimiqingqo-mizobo yase Ngilane umile.
Egutyungelwe zii ntetha ezi mbaxa
zengcinezelo yamaNgesi, usamile,
yena elutshaba olunganikezeliyo
lokukhula kwe ngcinezelo yamaNgesi –
imbali ye Mfazwe yobuzwe.

Ukubiwa komhlaba ngobuchule bezandla
benkulungwane yeshumi elinesithoba
yobuthanda Ndalo bamaNgilane – ilizwe
elibiweyo.

Apha umile, njenge sithunzi sobukuMkani
bamaXhosa. Ekwathi ngenxa yokukhula
kobu rhalarhume nenkqatho yee-politiki,
u Njengele u Smith owaba ngumthengisi
wobuKumkani nelizwe wamgebenga

kokungenalusini.

Kodwa, lo mzobo awusoze ukwazi ukubhentsisa iimvakalelo zamazwi amaninzi asakhalela isihlalo sobuKumkani esabiwayo, vutho ndaba lwayo lwaba kukutshiswa kobuhlanti buka Mhlekazi uHintsa nokudlavuzwa komzimba wakhe.

Okona ku khwankqisayo kwaba kuku dinjazwa kwentloko ka Kumkani kuba gqali naba seki bemeko yengcinezelo yamaNgesi.

IMIBUZO NGEE MEKO ZEMVELAPHI

Ezantsi kwam, umnweba owambese
ilali engumzobo omhle, imi okwama-
chaphaza aqingqiweyo, ihonjiswe
zii ntili ezindilisekileyo. Lo mnweba,
ufuna ukuzinza kwii nduli apho mna,
ndifana noswele ilizwi lokuthetha,
ndinqwenela ukuhluba umvandedwa
wam kuzo.

Ebunzulwini bezi nduli, mna,
sele ndilufincile uhambo
olugqunywe zezinye iinduli
eziphakamileyo, nduli ezo
zenza amathandabuzo
ukogqitha obu buhle bendalo
buvuselela iimvakalelo zobutyala
ngaphantsi kwee nyawo zam,

ndiziva ndikhubazekile , ngaphaya

kokhubazeko olubonakalayo

ngamehlo,

ukuzakuza ngalembonakalo

yendalo icikizekileyo. Ndizibone

zizika, lama nqugwala engca,

nezindlu ezithwele ii qhiya

zama cangci akhazimlayo.

Ndikhutywe yhile mbonakalo,

ndizibona ngathi ndigwencela

kweyona ntaba iphakamileyo.

Ndindedwa, ndingcangcazela,

ndifumana ubunzima ekuqapheleni

oovulindlela. Ndikhuphele konke,

kwii mfihlakalo zezi nduli zingama

lolo – ndinethemba lokuba akukho

ne mpunde eyakuze izazi ii mfihlo
zam ezinzima – ndiyehla ndizokwanga
ihlazo lam elandileyo: kuyo lendawo,
eyaziwa nguMoya ongaphezu konke,
ndenze isigqibo sokuyiqamba njenge
lona khaya. Akuncedakali nokuba

zibukhali kangakanani ii mpikiswano
oku kuzibona ndihamba ze, kungoku –
kanye ngoku qha – apho ndikhanyiselwayo,
ngokona bukhali bugqwesileyo, ukuba
okwenzekileyo, kwenzekile –

okugqithileyo kunga kungathi kuya
ginywa ziziseko zexesha elimileyo.
Ngapha koko, mhlawumbi kunokwenzeka
ukuba ubukho bam apha buphehlelelwe
zezinye ii meko, hayi ezi zinga zinobango
olunzulu kum.

AMASIKO NOBUNGCALI BAKWANTU

Kutheni lento kusoloko kufuneka ukuba unyamalele,
ungachazanga? Kufutshane ne zibuko lomlambo,
azange sikwazi ukulibona ilitye lizika, inqaba
apho ubu camagusha khona nemi nyanya.

Ibikuphela kwe mvuthuluka yee nwele zakho
ebidada ngaphezu kobuso bomlambo.
Ilanga likhanya, ilizwe lemiMoya lihlangene
nelizimele phantsi kwamanzi –

sasingafuni ukunikezela ngawe. Ngoku
ke lamagubu ahlanza ingoma
engenasiphelo anomnqweno woku
kukhweba ubuyele emva. Kananjalo
nala mahobe, endanda phezu
kwa lemithana inameva, aya
ngxengxeza, zikhulule koo Mamlambo.

Umlindo nomxhentso wakwaNtu, intlombe,
sekukuphela kwendlela yokuhlanganisa
imiMoya. Iminikelo esize nayo, ingoma
engapheliyo esibhidliza amazinyo ngayo,
ube wena uli ciko le ngoma –
zonke zinyibilikela kule ngoma
ingenasiphelo ye ntshabalalo yakho:
isiqingatha esi ngumntu, isiqingatha
esingu Moya.

Ekubuyeni kwakho,
asinazinjongo sokubona wena
uvumisa ngesiphelo see Ndlela
zethu ebomini, mhlawumbi unika
umkhombandlela wesiqalo esitsha –
kumanxweme angaziwayo
ziinkumbulo zethu.

Sonwabe kakhulu kwisimo
esikuso namaza agqumayo
adiliza iziseko zee ntlanti
zethu ngokungena sisini.

UMNTWANA OGQUMAYO NGU MSINDO

Umsindo wam, uyingqimba,
uphuphuma ngee ndlela eza hlukeneyo:
abanquli, befuthanisekile, bengakwazi
ukubiza igama loku songa imithandazo
yabo. Izithandani, ebusuku obumyama,
bejamelene nobu rhalarhume bama thunzi.

Umsindo wam uya duda, uyazi,
ngenxa yazo zonke iimfihlo
ezingasombulekiyo – mna lo
ndi ngumzekelo – le yokuba
ndingazange ndikwazi ukuba
lizibulo, leyokuba ndingazange
ndikwazi ukuba ngoyena mgcini
mafa uthembakeleyo.

Leyo kuba, mna, andinaso isinyanya

esi gcotywe nge ntloko yengonyama,
kum akukho kunaba kwama thunzi
ase zwenikazi elikhulu lase Afrika.
Ndinomsindo, uyazi, kuba nda
phulukana ne nkululeko yam – ize
ke le inkululeko inga bhidaniswa
nale ka wonke wonke.

Ndinomsindo yazi, kuba, kum
akusoze kubekho ku chaphaza
kwe langa la phesheya kwezi
lwandle. Umsindo wam, uphantsi
kwe ntuthuzelo enkulu, uqokelela
ii ngqimba zamafu uwele emhlabeni.

IMIBHIYOZO YASE MAPHANDLENI

Imibhiyozo yase maphandleni, amanxila
ngengoma nezingqi zakwaNtu ashukumisa
amathanga awo ano mtsalane njengoko
esithela kwii ntili ngee ntili. Ndiyiqambe
ngeli gama, le mibhiyozo nentlungu zobom
ingalawulekileyo, isithunzi sobomi oba

gqitha ngo pewule. Ndandisandula
ukuyazi ngolo hlobo, mihlana sasi
fudula siliva ikhwelo lomculo wayo
ukhweba, sibalekele kukhuseleko
olwalufumaneka kuyo yonke imi
bhiyozo eyayi miliselwe apha.

Umdyarho, sasiziphosa ngoku
ngakhathali kwii nceba zawo,
de ngenye intsasa ekhanye gca -

ukuba sasi nethamsanqa – sasiye
sibe no lwazi lokuba siqhathiwe
ngu moya othile ona mandla.

Ndithetha nawe ngoku ingathi
ndimi kuma qonga ezi ganeko
zexesha eli dlulileyo kanye ngeso
sizathu: ukuba mhlawumbi umlingo
lo sasi mfamekisiwe ukuba siwubone
wawungekho. Nokuba ke ngoku
andikwazi kucacelwa engqondweni
yam: ikhona into eyenzekileyo kum.
Kwelinye icala, isandla se mibhiyozo
yase maphandleni sisa khweba
njengoko sasidla ngokwenza xesha
apho mna, ndinga ngcoliswanga
zimeko zokuphila zamaxesha esikuwo,
ndandisoloko ndiphendula.

UKUCINGA NZULU

Ndicingile kakhulu

malunga nenye inkwenkwana eyayi fudula

igqitha apha. Imitha e ethe ethe yelanga

isa zwabuluka, waye fudula uku phawula

zonke izinto azenzayo — kuphela nge

ndlela apho ababe phila phambi kwakhe

babe senza.

Waye fudula evuthulula ikhukho,

ingqondo nomzimba wakhe

ukhulelwe ngama phupho endyebo

yomhlaba. Xana imibongo yakhe

yayi zingoma kuphela — waye

ngayi bizi njenge sihobe ngoko —

ezi vunyelwa iinkabi zenkomo

ezazi banga ubomi bakhe,

Indyebo yoKwindla yayi mbanga
kananjalo imondle – ubutyebi
bomhlaba ne ndalo yase Afrika.
Ekhutyazwe kuku khanya oku
gqithisileyo kwee ndevu zezi
zikhwebu zombona, waye libala
ukucinga nge gazi nee nyembezi
ezo ndulele le ndyebo.

Kutsha nje
Ndiyazibuza ukuba ingaba
le nkwenkwana iwelele
kwenye ilali na, ekwi ntili
enga phezulwana kune yethu?
Njengoko ingqondo yam ixinekile
zizagweba ze nkumbulo ngaye,
ingaba kutheni ngoku ubomi
bakhe buziveza njengo bomi
obu miliselwe kwiziseko zokufa?

UMAMBOYI:

U Mamboyi, wasela i sijwejwe, ibhotile

enuka ityheneba, wanxila, wa lala

ne bhokhwe kwaphuma ingaba ngaba.

U Baphilise usela u mamboyi, ibhotile

ye grangqa enomzobo wee mpondo

ze bhokhwe, anxile, axhentse, alale.

MNTAKA MAMA:

Yiva mna mntaka mama ndikuxelele ii ndaba
mhlana umhlaba ovundiswe ngu mgquba
wee nkomo zobawo wagrunjwa wambululwa
ngolunya, kwanyanzeleka ukuba thina
sizukulwana sashiyeka size ngenxa
yee ntshukumo zobu koloniali
buka Viktoli sikhobozeke imini

nobusuku sisomba igolide
kwimizi mveliso engange ntwala
zaba Thembu eyakhiwe phezu komhlaba
owawusudula uvelisa indyebo eyayi sondla
isizwe. Akuphelelanga apho, ubu khazi khazi
belaphu obabufika kwamanye amazwe
bumilisele ubutyebi babubiwa kwimithi

yethu yomqhaphu. Sasingalali, siluka

obu butyebi ngezi zethu izandla.

Kwalo mhlaba, wawusondla

imihlambikazi yee nkomo eya biwayo

yaze ekugqibeleni ya tshatyalaliswa.

Aba ngene nge tshova, xa ndibaliselwa,

kuthiwa bayithatha indyebo yakho

uthe ndla amehlo ne langa limile

lizingile.

Bathutha ubutyebi

ngemi khumba egugutha ama-

nxweme, nangeentsimbi zo gesi

ezi thukuza phantsi komhlaba,

baphinde babu buyisele betshintshe

ukuthetha, besithi baphuhlisa ilizwe.

IZIDUMBU

Ku magquba phezu komlambo iGxarha

Esandleni sekumkani ne ngotya

Izidumbu ezisondeleyo kwi siqingatha

    sesigidi

Zidunduluzile, inqatho ya maNgesi

OoMamlambo abaziveza phakathi

    kwe mizi eshinyeneyo.

Amantombazanana amabini ehesha

    ooNomyayi

Kwisitiya sengotya le uMhlakaza

Balikhuphile ilizwi oo Mamlambo,

    kutshiwo

Besithi ukuze kungenwe elizweni

    le dinga

Makuphume izidumbu.

UMhlakaza, njenge ngotya

No mmiseleli wemithetho kaQamata

Umgibisele nge tolo u kumkani

    uSarhili

Naye wavuma, zadunduluza izidumbu

 Zee nkomo zoo bawo bethu.

Ilizwi elaliphuma emanzini lalisithi

Zaku dunduluza ezi zidumbu

Kananjalo, akutshiswa nala masimi

Intlutha engu naphakade iya ku miliselwa.

Suka, zadunduluza izidumbu
Akwabikho namnye ukwaziyo

ukuwahesha ama xhalanga

Emzini ka kumkani uZanzolo

Na masimi lawo azika

Kwintshabalalo ka naphakade

Kwathi kanti leyo yhi ntunja

Yokuthubeleza ngetshova

Komoya wobu khoboka ne ngcinezelo.

Ingaba uMhlakaza wazi camagushela

    na ezi zidumbu?

Phambi kokuba zidunduluze?

Ingaba uNongqwuse lo wayizilela

    incithakalo engaka?

Igazi lee nkomo nela bantu

Lenze imijelo ne mikrozo

Engasoze ilibaleke.

UMBONGO ONIKEZELWE KU STEPHEN WATSON

Mbhali ophume izandla,

ushenxe ungandazisanga.

Njengontondo wakho

Ndandicinga ukuba

ndakuba ngowokuqala

ukwazi, ngendandi guguthe

ngo nxweme, ndize enqabeni

yo nqulo yakho ndikuphathele

amahlamvu eKhala. Lala

ngoxolo, undibulisele kwi

mbongi yama Grike

uHomer. Ngqanga

yeMbongi, umke umsebenzi

wezandla zakho ungeka

gqami.

Qhubekeka, krola eso sigama

phezu kwelo litye lakho

linqabileyo. Mna ndiza

kusasaza u thuthu lwakho

kwi ndlwana yakho yo thando –

ukukhanya okoyikekayo

kwee ntaba ze Cedaberg.

IINTSIBA EZITHE SA

Obona bungqina bushiyekileyo bobukho

bakho obungekhoyo yhile nyaniso

indijameleyo, iintsiba ezithe sa.

Ngokwenene, uhambile wayo kunxusa

lo mngcelele wabo bamke phambi

kwakho abasuke bathi shwaka;

nangoku ndisa qononondisa ukujonga

koku kusele ngasemva – ndithubelezisa

iminwe yam ukwenzela ukuba ndamkele

intshabalalo yakho, ewe, ngokwenene

ungumnyanya wam ngoku, ingcwele

ka ngcwele. Sithandwa sam, umkile

ngoku, njengoyena unikezele

ngegazi lakho kule mfazwe –

ndingathini – kubukho obuhambisa

umzimba bezi ntsiba zithe sa

ndikwazi ukwenza impazamo

yokwalatha iminwe yam nga semva?

INGOMA YAZO IINGOMA

Ukundwendwelwa ngumhlola

Ukuvuthisa impepho

Ukuthatha iintonga

Ukubhula amathambo

Ukwamkela amaNyange

Ukuthetha nemiloyo

Ukuhlahluba

Ukuvel'entabeni

Uhambo lokuya emlanjeni

Ukuchacha phezu kwamanzi

Iminikelo efanelekileyo.

Ekupheleni kosuku

Kuqanjw'ingoma –

Izindlu ezikhethiweyo

Ngokwemisebenzi ekhethekileyo

Kwisibiya senyama

Kwixhanti lomphefumlo

Kwinyongo yasemlanjeni

Ukuvuna amathongo

Ukubhula umhlola

Ukuveza isithunywa

Ukuthwesa umthunywa.

Abahlahli ndlela

Macala omabini esizalo

Ethwese intsimbi emhlophe

Egqumathele ngeLizwi lokhanyiso

Izihlwele zomthomthonyama

Izihlwele zomoya

Ekupheleni kosuku

Kuqanjw'ingoma.

UKUBEKWA KUKA MANDLA MANDELA, AH! ZWELIVELILE

U-Madiba wanyathel'uGqoloma

Wagubhagubh'umhlaba

Walijul'ilifa laba-Thembu.

URolihlahla walirhola ihlahla

Wagagana noGqoloma wakudala

Kumathafa ase-Rivonia.

UMandla yena uthath'iintonga

Kwisixeko seeNgcwele

Wajul'amathambo kumzi wamaNgesi.

Isilo sabaThembu, UBuyel'ekhaya

Sicamagushe kwaBalindlela

Ukuthwesa inkonyana yabaThembu.

Khwezi loMso, elingagungqiyo

Kwiinyaniso zamaNyange

Wena uphuma kwisandla samaNyange.

Ibingubanina le ngqeqe yama Nkabane

Ixhaphe ngumvubo wamaBhaca

Ukuphosa izwi, kuwe Khwezi loMso.

Uze uyazi indlela kaDalibhunga

Uthi jaju kwimiqolomba yobuhlanga

Ukhonze isizwe kwedini!

UMTSHAKAZI OTHINJIWEYO

Ngokuchaphaza kwe langa namhlanje
Bekufanele ukuba kudala ndayishiya le ndawo
Iindawo ezikude
Intlanganisela nabantu bakowethu
Kudala zalibala ngam
Ebutsheni bentsuku zam zobufazi
Ndemka, ndikhangela ubuhlanti bakho.

Zininzi iinyanga endizibalileyo
Ukukhanya obuphanyazayo buginya
Abaninzi kwezo ndonga zidilikileyo
      phezu kwemi lambo
Apho, njengezibulo lo wakowenu umthonyama
Bendili gqirha eli lawula
Imicimbi yakho emininzi.

Izihlwele
Kudala zakushiya ngasemva
Iinyanda ezi nkulu zama chiza bezi thwale
        entloko

Izizwe zilandela emva kwabo
Imihlambi engabalekiyo isasaziwe
Kwezo ntili zilele phesheyea komlambo.

Iinyanga ezilikhulu zindigubungele ngoku
Ndisolusa iinkomo zika yihlo
Ndingomba ama gubu akho enziwe
      ngee mfele
Ndidiniwe, ndixwaye itasi yakho yama chiza
Phezu kwamagxa am akhuthukileyo.

Umyeni wam owamoyisayo
Walibala kudala
Ngobushushu bamabele am adiniweyo
      kutshanje
Nge tshoba lakho le mfene
Nesidlokolo sakho se lokovane
Uyidilizile iminqweno yabo
Inye into esondeleyo kum
Zimbiza ezichininikayo zi nyembezi
      zam.

Namhlanje

Ndifuna wazi ithongo lam lokugqibela

Endingakwazanga

Ukulilawula phezu kwee ndlebe zakho
        eziqinileyo

Ndimke, ungandibonanga

Kuba wena akusayi kuze undikhulule.

Ingaba intlawulo yam ayilanelanga

Ithongo elandi zisa apha ndingumtshakazi?

Sondela, sixhentse

Okokugqibela ke ngoku

UKUZA KWEMINI

Ndingasekelwanga, ndiza kuwe
Ndisondela ezintilini zakho
Ezigqumathele ngee ntlabathi zameva
Ndisanga ii ndledlana zenyawo
Zemikhosi emininzi
Zijonge amafelandawonye
Izicengo ezinzulu
ezingqalileyo
Ndiza kuwe
Ndilila
Ndigixa, ndiza kuwe
Ndifikelwe kukuyazi
Ingqaliselo yee zingoma
Nangona zindigebenga
Ngemilomo yazo embaxa
Ndiyikhulisile indlebe
Yokubamba ucwambu
olungcwele
Ndibalekele kuwe
Ndibambe

Ndixhakamfule, ngabobonke
Ubungangamsha bezandla zakho
Moya wobulumko bakudala.

UMTHWALI WAMAQANDA ENCINIBA WASE KALAHARI

Mfazi

Amaqanda angamashumi amabini enciniba

ajinga emqaleni wakho

Isinga lexolo lomthi libhijelwe kumqolo

wakho

Lizivalile ii ntshukumo zakho

Likucinezele.

Iminxeba erhanqe wonke umqolo

wakho

Ikhandwe kumagqabi omileyo

Echiza lesiNtu iMpundu

Umfuziselo we dyokhwe

ne ngcinezelo

Egqabhuka kumacandelo

ngamacandelo obuntu bakho.

Njengentlaninge yabantwana
Inamathele kumqolo wakho
Amaqanda enciniba agrunjiweyo
emilebeni
Inzala ye ntlabathi etshisayo
yase Kalahari
Umbindi wee Zizwe ne Mpucuko
eya tshabalalayo.

Amaqanda angamashumi amabini
Ezimpuphuma ngamanzi alotywe
ngemizi
Itywina elenziwe ngomthi
liwavalele
Amaselwa wena ongaseliyo
kuwo
Imithombo engayanelisiyo
imizwa yakho.

La maqanda

Imithuba yawo yomile

Iimpuphuma zezibeleko

ezishenxisiweyo

Ezingazange zigagane

nobu mveku bazo

Nangoku

Amaceba amaqanda

ophukileyo ahlanganisiwe.

Izacholo zamaceba amaqanda

ee nciniba

E jika jika abe yhimi tidili

yokuxhentsa

Egcinelwe imicimbi

engcwalisekileyo

Equkunjelwa kwii ngoma

ezi philisayo zee Mboni

Ikhapha imixhentso

ne mibono ebiza imvula.

MAMLAMBO

Ikekelele kubukho bakho obunzulu,
inqaba ne ndlu yonqulo ontlanganisela
yayo nokukhanya kwentsasa bushiya
ubuze bendawo yakho yokunqula

kubukho obungunaphakade
beliso lomlambo. Nzwakazi,
ndikhwelele, ndisa qamba
ingoma yo kwaliwa enikezelwe

kuwe, wena ntokazi
esi sithixokazi sase manzini.
Bendingena njongo zoku –
mfameka amehlo ndisemi

kula mazibuko angumtyibilizi.
Ndamkele ii ntshukumo

ezoyikisayo zale mizi

evuthululwa yhii mimoya,

ndiya sebeza,

ndishiye ndinjalo nzwakazi

edumileyo. Andikwazi

ukufikelela kwiqondo

lwee mvakalelo zothando

kanye esizikithini

samabele akho abukhali. Ingoma

exutywe no kufa, ihlanganiswe

kanye phakathi kobuntu bakho

obuphakamisa amanwele,

busisithunzi obusithe

ubomi bam. Mphakamisi

welitye le Kumkanikazi

yemvula, thoba umxakatho

wakho kumqolo we Nkqu

wenze ubango lwelinye

ilizwe apho ibhola yakho

yobu mboni ifihlwe khona

ngobuchule obukhwanqisayo.

Iintsomi ezixhela umphefumlo

ozi tshica ngomlomo

womlambo azikwazi ukuqamba

ii ngoma ezi nokuyolisa

umphefumlo wam.

UKWALA UKUNQULA

Xa ilanga lalichaphaza,
inkwenkwana ethile kwaku nyanzelekile
ukuba igxanye iphuma kwi nqugwala
layo ehlathini.

Ekungeneni phakathi,
ixhanti ezandla zalo zazolathe
kwiindlela ezimbini eziphikisanayo,

zazingathi ziyakwazi ukuntsokotha
kwee ntshukumo zayo. Inkwenkwana
ingxwelerhekile, iphazanyiswa yimibuzo
emininzi ephuma kula ma xhanti athule
tu, ekungavumeni

kwayo ukunqula. Injengomkhence,
amehlo ayo ethe ntsho kwimigca

yezi bhaka bhaka ezibomvu
ezizinze phezu kobu hlanti,
le nkwenkwana yala ukunqula.

Emva kweminyaka emininzi,
ixinwe kwayile mibono – amaqhekeza –
ayikakwazi nokuyithabathela
ingqalelo imiqondiso esuka kwabo
ecinga ukuba balele ukuthula,
ababonakali yaye balityelwe.
Igruzuke kakhulu, iminwe yayo
ibanjwe yhi ngevane – isa bizela
umoya wobuAfrika – luzinzile kuyo
uloyiko, iyaqhubekeka ngo camango
lwayo.

NDAWO YAM

Inkungu ebi ndwendwele

nge phezolo – amasalela –

ithinjwe yi ntaba, izikhupha

kwimilebe ye ntaba exinwe

nga mawa, ifuna ukubheka

phambili ngohambo lwayo.

 Amafu akhulelweyo eguquka

emoyeni, ithafa eligcwele yimithi

yoMnga, isizwe sayo samatyholo

anameva ezimele phantsi kwemithi

yoMdlavuza. Amanqugwala esiNtu

eveze iintloko zawo kwihlathi

elishinyeneyo, indawo yokuzimela

ku makhwenkana aya ebudodeni.

Ukuba nje umhlaba ne ndalo

ubunokuwachaza onke amabibi;

isiko ne sithethe esiginya igazi

silibala ukubala abo bangafikiyo

emgceni we mpumelelo.

Imithi enameva ahlabayo, amatye

amhlope – amhlophe kakhulu –

njenge ntili ka Hezekile, ukuphakama

kwee nduli okoyikisayo, ii nduli

zingqiyabe kumagxa enye induli,

amathunzi ejinga eliweni,

inkungu ikhasa –

igwencela kwincophoyi ye ntaba.

Iinkonjane, abemi bamazwe

amaninzi na hlukeneyo zigxalathelene

kulo mhlaba ne ndalo usisi shwayimbana.

Iimvakalelo zam zindi gibisela ngapha

na ngapha, zilandela amafu, esiwa

evuka kwii lali ne zixeko ezi
ngaziwayo, zigagana namasiko
ne zithethe ezinye ii ntlanga.
Kodwa, le yi ndawo yam,
apha kulo mhlaba apho isandi
sombongo sikrwitshiweyo.

Umhlaba ne ndalo, okhuphe
isizalo kwintlaninge yabantwana –
njengenzala engenamnombo
uthe gca – ukhangeleka ngathi
awu nankathalo. Ekugqibeleni,
kuku lo mhlaba nale ndalo kuphela
ekufuneka sibeke amathemba ethu,
wona othe wasi gubungela
ngothando lobu zali sonke.
Ngoko ke, xa amabali ethu
esi shiya enkangala, nguwo
owangayo, nathi nga phezulu.

UKUPHEHLELELA INTSWELO YAKHO

Uchithe ngaphaya kwe shumi lwe minyaka
uncanca kwimibele yamazwe akude,
nabantu bawo babeke emathangeni akho
ezinye ii lwimi, kangangokuba xa uqubisana
no lwimi lwakho lwe nkobe ufumaneka
ubhenciwe. Khawufane ucinge, inzalelwane
ye Sizwe, ekubuyeni kwayo kunyanzelekile
ukuba izifune ukuba yayi khangeleka njani
phambi kwayo yonke le nquleqhu.
Amantombazana namakhwenkwana,

owawusudula udlala nabo, bayasineka
xa bebona lo mbono unganiki themba.
Ukuncwina kwa bafazi, ukugcigciza
ii nyembezi kwe mvula nako konke
ngale ndawo eyayi sudula ikwangile,
njengomlingane ebambeke ku mhlobo

owoyika ukuthandwa, ibuyela umva
nalo lonke inyathelo oluthabathayo –
ukungena embindini wemeko yokuphila.
Uwongwe ngobu krele krele be ngqondo,
cinga, ubhaqa ukungabinamsebenzi

kwakho kule ndawo, apho ubunini
nobuchule bokuqhubela phambili
ubomi bukhangeleka ngathi ziyi
ngqili yobutyebi. Udiniwe – nabani
uyayibona lo nto, umhlaba ne ndalo
zi kuqumbele nee zizukulwana
ezi ngemva zithabathele kuzo imikhala –
ingqondo ilangazelela intuthuzelo kodwa
ishiywe iduda kwimilandlela enobu ethe
ethe yomoya. Ukhathazekile, ubuyela

kwezo ndawo apho ubusazi ukuba
ubuntu bakho abuhambi ngesingqi

samasiko nezithethe zayo, kuphela
nje uku bhenca abanye yayi kukuphela
kwento owawufuna ukuyenza.
Intlungu yakho ifana nqwa neye
ntakazana ibetheke ka nobomi,
yakufumanisa ubugxwayiba obu
rhangqe indlwana yayo nee ntsana
zayo. Phehlelela intswelo yakho:
lena ke kukuphela kwento onayo
egameni lakho.

INCWADI EBHALELWE U THUTHULA

Whe Thuthula! Ndize kwindawo yakho yokunqula, isivivana sethu esincinci, esithiywe ngegama lakho. Sikrolwe nzulu kwii nkumbulo zethu, ngumqingqo wakho osezingqondweni zethu kuphela, wena Cleopatra womhlaba woo bawomkhulu. Ufanele ukuba ubange isikhundla sakho ntombazana, phakathi kwalo matyholo awongwe ngezitshaba zameva, kude kufutshane nomfula wase Xhukwane oyi nyhidi nyhidi kutshanje.

Esandleni sam ndipethe ii ntsimbi ezintle ezihlohlwe ngezi zam izandla, intlanganisela yemi bala yethu yonke, ndiqhubekeka ndibumba isitshaba sakho esadontsa loo madoda mabini aye lambele uthando lwakho. Le, phela kwento endinayo, kumkanikazi odumileyo welizwe loo bawomkhulu bethu. Bekufanele ukuba ndixhele imazi ye nkomo emhlophe,

amaselwa egqunywe ligwebu elimhlophe
afanele ukuyi gubungela le ndawo
ngevumba lawo lamazimba avundisiweyo.
Andinayo ibhekile ebengezela okwesacholo
selanga, apho ndinokuphehla khona
ubulawu, ukusondeza wena, njengoku
phela ko mcangcatho oya kwi bhotwekazi

lakho elisezingqondweni zethu, kude le
phesheya kwalo mithi mide yoMhlontlo,
kwilizwe elikude, apho uQamata
ongenasiphelo alawula unaphakade.

UMadlamini, oontetha nemi camagusho
inokukhweba ezi nkosi nee kumkani
ezi phuphumayo zii nkani zisondele
kule ndawo ndi ngxengxezela kuyo,

ngoku sithethayo, ubanga imazi
yenkomo, naleyo into ixele amafu
kum, umzi ka bawo kuphela

awunaze ukwazi ukuwumela lo
msebenzi, kuba imicimbi ekukumila
kunje ifanele ukupakanyelwa ngaba
fazi bonke aba phuma mbombo zone
zobu kumkani bethu bu phaleleyo.
Ndilapha ngoku, uku kubikela
olu daba njengo mama okhathalayo,
kuba iingxaki zona zininzi.

Whe Ntombi! Kunangoku kunzima
ukuba lento izike engqondweni yam,
wayenza njani yonke le ngxubakaxaka?
Amandla obufazi ntombi, amandla
obufazi. Imfazwe ngo thando
enembalasane, eyakhupha imikhonto

ebukhali ebhotweni, iseyiyo intsusa
mabandla.

Nangoku, emva kokuba waba
yi njengele yemfazwe phakathi
kwezindlu ezi mbini zobu khosi
bakwa Xhosa, babe sidla entendeni
yesandla sakho, apha ezweni loo
bawomkhulu amantombazana
aya landelelana ukuyokuginywa
ngabasiphetheyo benikwa amagunya
ngamazwe anga phandle.

Nanku ke umbuzo wam wokugqibela
kuwe nzwakazi. Ngubani u mafungwashe
phakathi kwakho no Nongqawuse?
Ayise namsebenzi ke leyo, amandla
enu obufazi ehlangene, abophelele
ii ntamo zethu ngama tyathanga

obu khoboka. Yhiba ngu Cleopatra
wo qobelo, guqula ii mpumlo
zezo ngangamsha zijonge kwelinye
icala, kwi ntshabalalo yezwe
loobawomkhulu nokugcuma kwethu
sithe cwaka.

UMTSHAKAZI OTHINJIWEYO UYAGODUKA

Nduli ezi leleyo zabantu bam

Ndiya niphaphamisa

Ngegama lethongo elandi jula kude

Ndiyeza, ndiyeza

Ndisazi nge ntshabalalo yabo abo
     ndizalwa nabo

Umnqweno wam kukubalisa ibali lam

Kwezi nduli ezi hleli zithembekile
     kubukho benu obungagungqiyo

Ngentembeko enkulu zihleli apha

Ngazo zonke ezi nyanga zininzi
     zokungabikho kwam

Inye kuphela into endinokuyenza
     kukuqhumisa impepho

Njengoyena ndoqo woku buyela
     kwam ekhaya

Ndiphehle nebhekile yam

Ndi mangalisiwe ligwebu layo
      lomlingo
Njengokuphela komthonyama
      wobuhlanti buka bawo
Njengokuba abo bekufuneka
      ndibuyele kubo
Sekuku dala bafudukayo ndingekho
      mna
I ntsebenzelo yam ibangwa ngabo
Ukuthembeka okumelana nee micela
      mngeni yobomi, kanye nje
nje ngalomhlaba ne ndalo engatshitshiyo
Mhlawumbi
Esi ibisesona sizathu sobhaco lwam
Ukufunda ubu gcisa boku thetha
Nabo bonke abanga malungu esizwe sam
Abaphilayo, abangasekhoyo naba
      kudala balityalwa.

AMAZWI ENTUTHUZELO

Bhota nkosazana

Owawungazange wonwabe ekungcotsheni
    kwe thongo

Umphanda one mpuphuma yegwebu
    ukulindele

Ongabonakaliyo emehlweni akho

Inkabi yenkobo ebhongayo iyakubhotisa

Kufutshane kanye nezandla zakho
    ezidiniweyo

Imithika owayi khalalayo

Ubalekela kude ku mngcungcuthekisi
    wakho

Isukwa zizandla ezi ngenamikhinqi.

Njengaba qambi naba phehleleli
    bethongo lakho

Sithumela kuwe uthando

Ngendlela zonke eli nokuzibhenca

Ibhekile iphawulwe ngomlingo

Wabantu bakowenu

Nabo bangaba semzini wakho

Awathi wabaleka ngoku phenjelelwa
    ngabo

Isikhumba sengwe sikulindile

Ukwambesa ubuze bakho.

Iliso lobulumko limfamekile

Apho iimpazamo zomntu zilawula
    nge sheyi

Sikunika oko kuli lungelo lakho.

EMASANGWENI ASE MAXHOSENI

Emasangweni ase maXhoseni sigalelekile, singenanto esandleni simile. E-Mbo siphuma khona, nemibono yomhlaba nendalo ikukuphela kwa bathundezi bendlela yethu. Intlaninge nozuko lwe zizwe ezi nobukhosi sizi thenjisiwe. Emasangweni ase maXhoseni, kuphela kwento izandla zethu esezingamathambo

ezikwaziyo ukufikelela kuzo ngamangcwaba awadukayo, egrunjelwe nzulu kwi miqolomba esithelisiweyo kwiliso le nyama, egqunyelelwe kuku gqitha nge santya kwemikhosi kaZwedala. Iinzwane kumatye abambelele ngo loyiko kwi zimbiwa esele ziyi ntlabathi ngoku azinikezela njengobona bungqina bunamandla

obusalatha kwizizwe zobukumkani eza tshabayo zabantu bakudala ababe fudula bephila kuzo,

kweli lizwe lingu mqwebedu, hayi eli lizwe
lase maXhoseni besi thenjiswe ngalo. Iintsika
ezi cikizwe ngembola, zi lenga lenga kuphela
kwii nkumbulo ezi qingqwe ngabantu. Abantu
abanezisu ezikhulu, oo hlohl'esakhe, abazibekileyo
kwi zikhundla zolawulo kweli lizwe lizolilelyo,
eliselithuthu ngoku, basabela iziqwempu zembali
ukukhubaza iingqondo zethu.

Apha asifumani ntuthuzelo, sibuyela kwiziqhuma
zeminyaka ekunzima ukuyibala ezinobango kubukho
bethu. Ngoku qinisekileyo siza kubuya, njenge
zithunzi ezi zinga amathala agangathwe ngobu
chule obugqitha ukwazi – obona buxoki bu
xhonxwe ngo buchule kwabona. Izindlu
zokugcina amafa ezi thiwe jize ngobuhle
obu phandla amehlo, ezinabele kulo lonke

eli lizwe, zinoku dilika xa zigagana nemibuzo
yethu ejubisayo. Ngamandlakazi anqabileyo

siyazisungula kwakhona sizakhele eminye
imisebenzi yobu gcisa, sisemba amabibi
ee nyani ezingcwatywe phantsi kwezi
ntlabathi. Sisa ndwendela loo mangcwaba
aginywe yhi miqolomba apho kulele khona
iinkosi neekumkani eza bukulwayo, apho
ama tshijolo aba fazi nama doda agazi
lawo lingena mlibo wobu khosi azinze
kwi izihlalo zabo zobu khosi. Sibuyela
eMbo, iintloko zethu zi qhekekeka,
sinoloyiko lamagama amabini,
'abangcatshi mbuso' ne 'ntolongo'.
Sibuyela eMbo siyo kwanga imo
yethu yakwaMoya, apho ezo meko

zo loyiko zingekhoyo.

NGALO MIHLA NDANDISA THONGA

Izibhakabhaka zazifudula zihlubula ingubo zazo
eziluhlaza. Amaqhawe ephethe imikhonto aye
fudula esihla kwii nduli ezi kude abange indawo
yawo ebuhlantini bam obungenabo ubungqili.
Ikhukho lam elenziwe ngemizi lali fudula
likhwetywa zii ncochoyi zee ntaba zakwa
Mathole ezigqunywe yhi nkungu, ndirhuqa
umkhonto wam nge sandla ndandi fudula
ndizibona ndi fukuza. Ndi phumle phantsi
kwalo mithi yemi Nquma igcwele zizimvu
entloko, sonke sasi xoxa, kwakhona
ndivuselelwe yhi mililo yabo bendisihla
ndiye ezantsi entilini enamathandabuzo.
Ndibambe okokukhanya, ukukhanya kwabo,
ndandi sudula ndicanda onke amathafa neenduli.

Kodwa ngoku, ndithunyelwe elu bhacweni kude nale ndawo, mhlawumbi ndithetha sendi ngaphesheya kwengcwaba, akukhonto ndino bango kuyo, njengokuba obabulumko bakudala bu bangwa seso siqhuma singa-kwazekiyo ukubaleka semi nyaka esaphoswa ngasemva kudala. Kuphela kweliso elibukhali lemboni elino kulibona, kuphela ngezo mini ndandisa thonga.

INKOSAZANA EFIHLAKELEYO

Sinamathemba adudayo

Siza kuwe siso mbela

Iingoma ezi khulelwe uthando olu nagapheliyo

Ebudengeni bethu, sixhomekeke kuwe.

Sinxila nga mathongo

Sicangcatha phezu kwee ndledlana ezi
    hloniphekileyo

Siqhathwa nge mibono, yi 'mibono'

Ebhenca ubuze bethu.

Usikhwebela endlwaneni yakho efihlakeleyo

Oko kusenzeka kuphela nge mibono yethu

Phantsi kwa manzi siyeza

Esiswini somlambo siya khubeka.

Siqhwaba izandla zethu

Sibuya umva, izandla zethu zize

Siyacamagusha ngezi khahlelo zethu

    ezizukileyo

Kwimimoya esisondeze kuwe.

Ekulambatheni kokukhanya kwe mini

Sisombela, siqhwaba izandla zethu

Sisene themba lo kuku fumana

Usasaziwe kwezi ndawo

Zamanyange anobukho obu ngenasiphelo.

UMPHATHI WESIPHEHLO

Kwezi ngoma ze ntlombe uzi qambayo
Ndilandela emva kwe ntshabalalo yam
    endithe ntsho ngamehlo
Ngemilenze yakho egudileyo
    uya xhentsa
Uya xhentsa, de kubonakale
    isi thixo kuphela.

Ndimfamekile ndiya hamba
Lonke inyathelo endilibathayo
    ndilandela amathongo akho
    abhanxekileyo
Ndibanjwe yhi ngevane
Ndisa cinga ukuba uselilo igqirha
    eliphume izandla.

Mvuni wamathongo am

    undiqhathile

Undixelela ukuba uphehlelele

    onke amathongo am

Ndinqwala intloko, kunjalo

    mphathi wobu vuvu.

Ndiya xhentsa, ndiya xhentsa

Ndifunyanwa yhi ngevane, yhingxaki

    yam kuphela

Wabaleka kudala

Phambi kokuba ube ngu nobangela

    wokuwa kwam.

Ekutshoneni kanye kwe langa

Nfikelela ekuyazini inyaniso

Yokuba amathongo la ibingawam

Ndingumqambi no mphehleleli

    wamathongo am.

UKUBA NJE LO MANGWABA EBE NOKUTHETHA

Ebenokuyi bhentsisa inyani, izenzo zobu gorha
esazenzayo phaya ngaphambili, njengokuba
abo sasizenzela bona be ngamatshijolo alibalayo,
isizukulwana esi ngenamqolo, ozenzo sazo
zinqwenelela uku diliza ubukho bethu, hayi

kuphela kwamatye ezi khumbuzo, engcotshile,
phezu kwemi cangcatho yemikhwa yabo
yokuthanda ukulibala, asithethelelayo.
Bakwenza njani oku, phakathi kwe
ngxokolo yobu ngqina obu phuma
kuloo matye ezi khumbuzo, engcotshile,
ukusi khusela kula matshijolo ajikeleza wonke
umhlaba abazondelele ukusiguzula ebomini,

nayo yonke intsalela ye nzalo yethu,
kumaphepha anga vundiyo embali?

Inyani yeyokuba sakhe sakhona phaya ngaphambili, nezenzo zethu zenziwa ngo thando. Sime apha, iliso lethu linamathele kuko kone esaku lwelayo, ngoku kuse zandleni zabo babe ngakhanyiselwanga

endleleni yabo, abo ngenxa yoku lambatha kwe ngqiqo yabo malunga noku zenza idinga kwethu ngoku thinjwa kwelifa lesizwe basa gquma bephika ubukho bethu. Kuba ubukho no kumila kwabo koko hlohl'esakhe. Loo mangcwaba awazokuthetha kuphela kodwa azakucula, iingoma eziza kusenza sintshule kolu thuli lokunga thathelwa ntweni, emveni koko siyi ntlanganisela sizo cangcatha sibange ubukho obabu fudula ibobethu. Njengo qobelo lo hlanga olu sasazwe lalahlwa kwilizwe lonke ngoku ngenambeko nasithozela sihleli, singenalo lizwi ile lethu. Ukuba nje loo mangcwaba ebe nokuvula imilomo athethe!

ILITYE LIKA NOMTSHWEBELELE

Ecaleni komlambo lilele, enzonzobileni
yamanzi abalekayo liphakamisa intloko
yalo, ubuso balo obu khanyayo bume
nje ngesihlalo esi zukileyo sama nyange.

Ndimile ezibukweni lo mlambo, ndi
camagusha lindi khweba ngesandla,
u nonkala endithe ntsho ngamehlo,
endi hleka. Emva ekhayeni lam
kumnombo wase tyhini, kwindlu
yama ndulo, eli litye likhulu
la phazanyiswa kubuthongo balo
phakathi kwe zinto ezazi sudula

zizezi ka makhulu, nto ezo eza
vunda kudala zabuyela emgqubeni
womhlaba, mhlawumbi umbheka -

phesheya, mhlawumbi iintsimbi
zakhe ezihlohliweyo zase mqaleni
kananjalo mhlawumbi isacholo

owasigqithisela ku tatomkhulu
wam ngobusuku boku ngejana
kwabo. Eli litye likhulu, kunye
nemali endala eli qhosha yase
Mozambique, enda khawuleza
nda phulukana nayo, phela
kwezinto ezibalulekileyo enda
zifumanayo kwi siza sika
Nomtshwebelele, umakhulu
endingazange ndibenalo ithamsanqa
lo kumbona. Le mfumbakazi
yelitye, kuna ngoku isalele ecaleni
ko ngquphantsi endawakhayo
ndaweninye apho kwakumi
ungquphantsi ka Nomtshwebelele

owaginywa sisi tshingi tshane

sika vutha.

Mhlawumbi eli litye yayi yitafile

yakhe yoku silela umbona, okanye

isihlalo awayesihloniphile apho waye

zinza khona xa ecamagusha nemimoya

eyathi shwaka mandulo, abe ebizela

umbhekaphesheya wakhe, ukuba

waye nawo, ecokisisa ukubala izacholo

zakhe zithe saa ngobu chule kazi

obukhulu emzimbeni wakhe.

UMKHONTO KA BAWO

Ndikhangelana nomnombo ka bawo,
utyhileka ngobona bunono, iinkomba
zibekwe ngobu chule kule ndlela inde
yokuzazi izele zinquleqhu.

Ubuhlanti obu ngase khoyo,
ungquphantsi owazika kudala
ozinti zawo zoku milisela umzi
zabuyela kwi ntlalo eyiyeya
mandulo. Iphahla lama khasi
obusi bee nyosi, ebonakalisa

ubu ngqina bobomi bama ndulo,
ekudala baginywa ngamatye
akrolwe yhi ndlala ezambethe
kuphela ii ngubo ezilu hlaza
zezi nambuzane zomhlaba kunye

nombethe ovutya vutywe ngo daka.

Eli lizwe lakwaMoya, kwaMeva,

lanikwa elo gama ngalo magorha

amandulo awagutyungelwa liwele

lakudala lwe ngcinezelo yama Ngesi,

yemka nentshabalalo. Kwanye nabantu

bayo, bephehlelelwe kumhlaba ne ndawo,

ozingqi zabo zaginywa zintlabathi ezi

ngxamileyo eza gubungela ubuzwe

babo, onzalo yabo yaphulukana

nelifa, babanga ilifa lelahleko –

ubuzwe nesihlalo sobu khosi.

Ababekho ngaphambi kwabo,

besa camagusha ne lahleko yokuphila,

bayilahla imikhonto yabo yamakhaya

ethanjiswe ngama nyange, kwakunye

nemi khonto yase mfazweni, beshiye

ngasemva imfumba yengqokelela

yee mpondo zebhokhwe nee nkomo

zithe sa – bebaleka imikhosi emininzi

eyayibona kuphela ngeliso lo mkhonto,

bebhacele emaweni nase zintabeni,

bayandimema ukuba mandiphathe

imikhonto yabo ewileyo emagxeni

am ndibange ezi mpondo zithe sa.

Kolu phando lungaka lomhlaba

noo vulindlela, phela kwento engama

salela yhi ntsimbi ekhangeleka ngathi

ngu mkhonto endindwendwela ebusuku

kuphela. Ndinomnqweno wokuyibamba,

kodwa akukho namnye onokukwazi

ukuyenza loo nto. Umgcini wayo –
njengo tata wam – wemka engashiyanga
mpawu zokuba uphi ngasemva. Impepho,
ekuphela kwe qonga loku ncokola
nemimoya eyathi shwaka,

indisondeza kulo mkhonto, ndikholwa
ukuwubiza ngolu hlobo, ndade ngenye
imini ndenza isigqibo soku wubamba,
ndiphantsi kocinizelelo, kwakhona
lamnombo undityekezele ecaleni,

ndandilapho kwakhona, ndinomnqweno
woku khangelana nezingqi zenyawo
zabo ezi ngasekhoyo. Ngee ndlela zam,
kwaku nyanzelekile ukuba ndiwu grumbe
umkhonto ka bawo owawundi grogrisa,
isango eli khokhelela kubomi buka
ndalashe obe sele bulityelwe, isukela

kwii ndlela zam eyayi zezam uqobo
zee nkumbulo ezazi xhonxwe
emathongweni, ndenze isaziso kwakhona,
sokuba ndandifuna ukuba yindoda
elandela umnombo omde eya xhonxa
ubawo, indoda le kwakufanele ukuba
ndiyiyo, isipili sendoda endingazange
ndanethuba lokuyazi.

UKUKHUMBULA U MAKHANDA

Kuba ngoku umkile, nee nkulungwana ezimbini zeminyaka zizifihle kwi mfihlakalo yee nyanga ezininzi eziveza ukukhanya kwazo ngamaxesha aqanjiweyo, ndilinikiwe ithuba andinaze ndikwazi nokukolatha phakathi kwesi hlwele sabantu.

Bendingubani na ke mna?
Umnyiki okhawulwe phantsi kwa mathunzi
Ee ntaba zakwa Mathole ezidume ngee qhiya
    ze nkungu.
Amathafa ase Malinda, inqaba yee mfazwe
Eyaginya imikhosi emininzi
Kusiliwa ngo thando, kusiliwa ngo mhlaba,
    isithuko sakudala
Ephembelele abaninzi kwi mfazwe
Kufutshane kude apho
Izandla ezininzi ezi shwabeneyo

Zahlohla umphokoqo owomileyo
    emlonyeni wam.

Ndikhulela apha, ndilima umhlaba

Wabo babe phambi kwam

Ezi ntili zee ntaba

Zindinike umthunzi

Kuzo zonke iintlungu endandizinyamezele

Nee mvula ezininzi

Ezazi sondele kakhulu

Empilweni yam

Ndandingasoze ndazi

Ukuba iinkulungwane zeminyaka
    emininzi ezagqithayo

Isikhakhamela sakhuliswa

Yhikumkanikazi yakwaHoho

Nenzululwazi yezonqulo yayihlala
    incokola

No thixo wase zintabeni.

Ndiyeva ukuba ngenye imini
Kuvutho ndaba lobomi bakho bemilingo
Ufumene umyalelo kwiNdlovukazi
Wenza isigqibo sokushiya
Bonke ubu khazi khazi ububazi
    ezintabeni.

Ndithetha ngolo hlobo
Kuba wazi qingqela ngezandla zakho
Isihlalo sobu khosi kulo mahlathi
    akwa Hoho
Ukwanguye nomntu onemilingo
Owayehlala emiqolombeni
Umbumbi ka Tai.

Waqhuqhumba wehla ezintabeni
Uzokwanga iintlungu zabantu bakowenu.
Hayi oko kuphela

Wawuyinjengele emfazweni ka 1819

Wawungena dyudyu

Wawunga zange washukunyiswa.

Kutheni bakhe izakhiwo

    ezingcwele

Namatye ezikhumbuzo

Emhlabeni wobawomkhulu?

Ingathi sabanika ngoku thanda

Ibango ngalinye lomhlaba

Njenge dini lo xolo?

Emva kwayo yonke le nquleqhu

Abazange bo neliseke

Igazi, amathambo noku ngcatshwa.

Wena wawusi nqini nqini phambi

    kwe ngcinezelo yamaNgilane

Ukuba nje bendinokuba nemibono

    ethe gca

Yalo mabhotwe adilikileyo

Wawuzama ukuwakhusela

Nezo ngangamsha zee kumkani

Ezazi hleli kwizihlalo zobukhosi

Ezakhiwe ngee mpondo ze Ndlovu.

Imibongo yam yondliwa kuphela

Zizi khalo ezaziphuma kwisizukulwana
    esa bukulwayo

Iinkulungwane ezimbini phambi kokuba
    uguzulwe ngabom.

Gorha eli khulu,

Ngoku ndinyanzelekile ukuba ndilibale

Ngomrhaji wakho orhaxwe ligazi

Endiwubone uthe saa

Kula manxweme aku Gompo
    ahambisa amanwele

Njengoko uMhlekazi uMgolombane
    endikhwebela

Kwinqaba nendawo yonqulo phaya
    kude kweza nduli
Eentaba ezima jiko jiko zakwa Mathole
Intlwathi enyawo zayo
Ingamaza agqumayo olwandlekazi
    lamaNdiya
Omiqamelo yawo ifihlwe
Kwimiqolomba, phantsi kwee nyawo
Ze Ntaba yeTafile.

Ebuthongweni, UMhlekazi uMgolombane
    undibonise
Amachiza aphehlelelwe ngamanyange
Ukwenzela ukuba ndiwa grumbe
Ukwandibonise
Nezikhumba ezixatyisiweyo zezilo
Ukwenzela ukuba ndiziqokelele
Kuba imicimbi yengotya ye kumkani
    isondele

Nokukhweba komxhentso we ntonjane

Kuyandibanga kwakhona.

IINTABA EZI KROLWE ESIBHAKABHAKENI

Akukho ntaba phesheya phaya
ngaphandle nje kwa maphandle
angathiywanga magama, ii ntili,
ezinga gutyungelwayo ngamasiko
nobuzwe, imizobo yobuchule
ilele ngobu vila kwizi bhaka bhaka
zase Mpuma.

Zimiliselwe phezu kwe nkumbula
ya manzi, amaza agqumayo
akhonkotha elizweni lonke jikelele.
Ndiyazibona, rhoqo ngenj'ixukuxa,
phambi kokuba ikhwezi lomso

lisike kwizibhakabhaka zase Mpuma.
Amafu amnyama ejinga, iintsika
ezi bomvu, izihombiso – njenge

qhiya zaba qambi bee ngoma zolo
nwabo. Ezi ntaba ezi krolwe esi
bhakabhakeni, azi shukumi,

zikhangeleka okwee ntaka zezulu
ezicikiziweyo, njenge mizobo
ezandleni zee ngcali zakudala.
Ekukhanyeni kwazo ziveza
izithunzi zentaba zakwa Mathole,
ezo Khahlamba neze Sugar-loaf.
Ndiyazibona, zindithe ntsho,
ngathi zibanga ubugcisa
besiba lam loku bhala elomileyo.

INGCWABA LIKA MAKHANDA

I

Izakhamxhaga zo Nonkala ezi krolwe
ngee nkwenkwezi, zigcotywe ngobuso
be ngonyama. Ziyarhubuluza ziphuma
kwimiqolomba enzulu yase lwagcibeni,

iintloko zazo zihonjisiwe ngama gorha
arhuqa imikhonto yase mfazweni,
 inginginya yama gorha. Ngesiquphe,
isithunzi siphuma kule nzulu yamanzi,

sithobe intloko yaso ehlutywe
 isidima kufutshane nenzulu eluhlaza
yamanzi akuGompo, uMakhanda, itola
nengcali ngendlela yokuphila nobomi,

engxengxeza kwizithixo zakwa Xhosa

ngemiba yokulwa imfazwe, umkrozo omde
wamadoda ase Ngilane bebambe oo mbayi
mbayi, bejolise kwesi sihlwele sika Makhanda

belinde olona vutho ndaba, xa lo rholihlahla
eyakuthi anikezele kwii ngxoxo zakhe ezi
qavileyo nama nyange, atsho azinikele
umva iinduli zentlabathi na mawa

azo kuzi nikezela, elilahla ithemba,
kuphela kwe themba lezizihlwele,
ezazimlandela yonke lendlela ukusuka
kumhlaba obiwe kwa ngaba bantu,

ngomnyaka ka 1819, umnyaka oyimvela
tanci yalowo udumileyo ka 1820, apho
amaNgesi azenzela ikhaya elimiyo kumhlaba
woobawomkhulu, uMakhanda lo wayeyi

njengele yenye imfazwe , emva nje koku
nikela umva olunye ubizo, umphengululi
weLizwi lenyaniso lika-Qamata no mmiseli
ka Tai, ibindzana lo mthonyama loKhrestu

ophehlelelwe ngaphesheya kwe zilwandle.
Isihlwele esinye, silapha kwakhona, emva
koku sabela ixilongo elibabizela emfazweni,
bethozamile, behleli kwi ndili ye sangqa,

nje ngamadoda nabafazi esenza, ngelinye
lalomathuba okuhlala ngaphakathi nanga
phandle komthonyama, phambi koku
khala kwe nkabi yenkomo, esosikhalo

singumlungiseleli wendlela yomoya
yengonyama yesizwe, isi khakhamela
semfazwe. Apha, uMakhanda ebenze
isithembiso sokuba lomoya une ntloko

yengonyama uya kuvela, uphuma kwizisu

zenzulu eluhlaza yamanzi, emva kokuba

yena Makhanda enze umtsi omkhulu.

Imilenze eyisongile, uMakhanda waye

zakutsiba kwelinye icala esiya kwelinye,

efukame ithemba lesizwe esi fubeni sakhe,

okwakuphela kwe themba. Kunye

okwenzekayo, warhuqwa ngolunya esisiwa

esi Qithini esi kude, esasi dume ngoku rhuqa

amatsha ntliziyo afana naye. Kuba uMakhanda

wayengu Makhanda, waphinda wazithembisa

izi hlwele zakhe, ukuba uza kuphinda abuye,

njengo yena mmiliseli ka Tai avuke ekufeni,

esabambe ithemba le sizwe esandleni sakhe.

Kuna ngoku, inginginya yezi hlwele zakhe

zamlandela ukuya kulo mqwebedu we Siqithi.

Akukho kunikezela. Ayizange ibekho leyo into!

II

Iinkulungwane ezininzi emva koko, ndimile
apha, kwakula manxweme, amehlo am elaqaza
phezu kweli litye loyikisayo lwaku Gompo,
isihlwele esi khulu emva kwam, singomba

amagubu akwaNtu, siyiyizela, siphehla
ibhekile yobulawu, sibiza ookhokho,
umoya ogcotywe ngentloko ye ngonyama.
Ndilapha, kwi ndlela yobu lolo yoku banga

ilifa lalo madoda naba fazi aba ngcwatya
ngo pewule phantsi kwezi zivatho
zikhanyayo zala manzi alu hlaza, ama hlathi,
imilambo nemi qolomba. Ndikhwetywe

ngu moya ophehlelelwe ngentloko
ye ngonyama, apha ndimile, amathambo
am onke ene ngevane, ndilindile, ukuvela
komhlanguli erhubuluza ephuma phantsi

kwemi gangatho yale nzonzobila.
Ndinethemba, ngokubona nje ukuziveza
kwale mimoya, ndakube ndi phehlelelwe
ku mnombo ongenasiphelo wabo bane

lungelo loku bamba itasi yo mlingo
ka Makhanda, igogo elingazange
loneliseke kukutshila ngomkhonto
omnye. Kwa aba Nonkala banye

bacikizwe ngee nkwenkwezi
baphakamisa iintloko zabo,
bandwendwela elu nxwemeni.

Ngoloyiko olukhulu, ndibuyela

umva, ku ngquphantsi wam

we ngca, umrhawulo, ekuphela

kwe ndawo endenza ndizive ndise

khaya nomoya wobango uphuphuma.

Mmap New African Poets Series

If you have enjoyed *IZIYACA: Ingqokelela yemi bongo*, consider these other fine books in the **New African Poets Series** from *Mwanaka Media and Publishing*:

I Threw a Star in a Wine Glass by Fethi Sassi
Best New African Poets 2017 Anthology by Tendai R Mwanaka and Daniel Da Purificacao
Logbook Written by a Drifter by Tendai Rinos Mwanaka
Mad Bob Republic: Bloodlines, Bile and a Crying Child by Tendai Rinos Mwanaka
Zimbolicious Poetry Vol 1 by Tendai R Mwanaka and Edward Dzonze
Zimbolicious Poetry Vol 2 by Tendai R Mwanaka and Edward Dzonze
Zimbolicious: An Anthology of Zimbabwean Literature and Arts, Vol 3 by Tendai Mwanaka
Under The Steel Yoke by Jabulani Mzinyathi
Fly in a Beehive by Thato Tshukudu
Bounding for Light by Richard Mbuthia
Sentiments by Jackson Matimba
Best New African Poets 2018 Anthology by Tendai R Mwanaka and Nsah Mala
Words That Matter by Gerry Sikazwe
The Ungendered by Delia Watterson
Ghetto Symphony by Mandla Mavolwane
Sky for a Foreign Bird by Fethi Sassi
A Portrait of Defiance by Tendai Rinos Mwanaka
Zimbolicious: An Anthology of Zimbabwean Literature and Arts, Vol 4 by Tendai Mwanaka and Jabulani Mzinyathi
When Escape Becomes the only Lover by Tendai R Mwanaka
ويَسهَرُ اللَّيلُ عَلَى شَفَتي...وَالغَمَام by Fethi Sassi

A Letter to the President by Mbizo Chirasha
This is not a poem by Richard Inya
Pressed flowers by John Eppel
Righteous Indignation by Jabulani Mzinyathi:
Blooming Cactus by Mikateko Mbambo
Rhythm of Life by Olivia Ngozi Osouha
Travellers Gather Dust and Lust by Gabriel Awuah Mainoo
Chitungwiza Mushamukuru: An Anthology from Zimbabwe's Biggest Ghetto Town by Tendai Rinos Mwanaka
Zimbolicious: An Anthology of Zimbabwean Literature and Arts, Vol 5 by Tendai Mwanaka
Because Sadness is Beautiful? by Tanaka Chidora
Of Fresh Bloom and Smoke by Abigail George
Shades of Black by Edward Dzonze
Best New African Poets 2020 Anthology by Tendai Rinos Mwanaka, Lorna Telma Zita and Balddine Moussa
This Body is an Empty Vessel by Beaton Galafa
Between Places by Tendai Rinos Mwanaka
Best New African Poets 2021 Anthology by Tendai Rinos Mwanaka, Lorna Telma Zita and Balddine Moussa
Zimbolicious: An Anthology of Zimbabwean Literature and Arts, Vol 6 by Tendai Mwanaka and Chenjerai Mhondera
A Matter of Inclusion by Chad Norman
Keeping the Sun Secret by Mariel Awendit
سِجلٌ مَكتُوبٌ لِثَائِهِ by Tendai Rinos Mwanaka
Ghetto Blues by Tendai Rinos Mwanaka
Zimbolicious: An Anthology of Zimbabwean Literature and Arts, Vol 7 by Tendai Rinos Mwanaka and Tanaka Chidora
Best New African Poets 2022 Anthology by Tendai Rinos Mwanaka and Helder Simbad
Dark Lines of History by Sithembele Isaac Xhegwana
a sky is falling by Nica Cornell
Death of a Statue by Samuel Chuma

Along the way by Jabulani Mzinyathi
Strides of Hope by Tawanda Chigavazira
Young Galaxies by Abigail George
Coming of Age by Gift Sakirai
Pearls of Awareness: New and Recollected poems by Tendai Rinos Mwanaka

Soon to be released

https://facebook.com/MwanakaMediaAndPublishing/